Mon Chat

Nom:

Anniversaire:

Race:

Photo

Empreinte de patte

De beaux moments avec mon Chat

Remarque:

_____
_____
_____
_____
_____

De beaux moments avec mon Chat

Remarque:
_____
_____
_____
_____
_____

De beaux moments avec mon Chat

Remarque:

De beaux moments avec mon Chat

Remarque:
_____
_____
_____
_____
_____

De beaux moments avec mon Chat

Remarque:

De beaux moments avec mon Chat

Remarque:

De beaux moments avec mon Chat

Remarque:
_____
_____
_____
_____
_____

De beaux moments avec mon Chat

Remarque:

De beaux moments avec mon Chat

Remarque:
___
___
___
___
___

De beaux moments avec mon Chat

Remarque:

De beaux moments avec mon Chat

Remarque:

De beaux moments avec mon Chat

Remarque:

De beaux moments avec mon Chat

Remarque:

De beaux moments avec mon Chat

Remarque:

De beaux moments avec mon Chat

Remarque:
___
___
___
___
___

De beaux moments avec mon Chat

Remarque:

De beaux moments avec mon Chat

Remarque:

___
___
___
___
___

De beaux moments avec mon Chat

Remarque:

De beaux moments avec mon Chat

Remarque:

De beaux moments avec mon Chat

Remarque:

De beaux moments avec mon Chat

Remarque:
_____
_____
_____
_____
_____

De beaux moments avec mon Chat

Remarque:

De beaux moments avec mon Chat

Remarque:
_____
_____
_____
_____
_____

De beaux moments avec mon Chat

Remarque:
_____
_____
_____
_____
_____

De beaux moments avec mon Chat

Remarque:

De beaux moments avec mon Chat

Remarque:

De beaux moments avec mon Chat

Remarque:

De beaux moments avec mon Chat

Remarque:

De beaux moments avec mon Chat

Remarque:
_____
_____
_____
_____
_____

De beaux moments avec mon Chat

Remarque:

De beaux moments avec mon Chat

Remarque:
_____
_____
_____
_____
_____

De beaux moments avec mon Chat

Remarque:
___
___
___
___
___

De beaux moments avec mon Chat

Remarque:

De beaux moments avec mon Chat

Remarque:
_____
_____
_____
_____

De beaux moments avec mon Chat

Remarque:
_____
_____
_____
_____
_____

De beaux moments avec mon Chat

Remarque:

De beaux moments avec mon Chat

Remarque:

De beaux moments avec mon Chat

Remarque:

De beaux moments avec mon Chat

Remarque:

De beaux moments avec mon Chat

Remarque:

De beaux moments avec mon Chat

Remarque:

De beaux moments avec mon Chat

Remarque:

De beaux moments avec mon Chat

Remarque:
___
___
___
___
___

De beaux moments avec mon Chat

Remarque:
_____
_____
_____
_____
_____

De beaux moments avec mon Chat

Remarque:
_____
_____
_____
_____
_____

De beaux moments avec mon Chat

Remarque:

De beaux moments avec mon Chat

Remarque:
_____
_____
_____
_____
_____

De beaux moments avec mon Chat

Remarque:

De beaux moments avec mon Chat

Remarque:
_____
_____
_____
_____
_____

De beaux moments avec mon Chat

Remarque:
_____
_____
_____
_____
_____

De beaux moments avec mon Chat

Remarque:
_____
_____
_____
_____
_____

De beaux moments avec mon Chat

Remarque:
_____
_____
_____
_____
_____

De beaux moments avec mon Chat

Remarque:

De beaux moments avec mon Chat

Remarque:

De beaux moments avec mon Chat

Remarque:
_____
_____
_____
_____
_____

De beaux moments avec mon Chat

Remarque:

De beaux moments avec mon Chat

Remarque:
_____
_____
_____
_____
_____

De beaux moments avec mon Chat

Remarque:

De beaux moments avec mon Chat

Remarque:

De beaux moments avec mon Chat

Remarque:

De beaux moments avec mon Chat

Remarque:

De beaux moments avec mon Chat

Remarque:
___
___
___
___
___

De beaux moments avec mon Chat

Remarque:

De beaux moments avec mon Chat

Remarque:

De beaux moments avec mon Chat

Remarque:

De beaux moments avec mon Chat

Remarque:
_____
_____
_____
_____
_____

De beaux moments avec mon Chat

Remarque:

De beaux moments avec mon Chat

Remarque:

De beaux moments avec mon Chat

Remarque:

De beaux moments avec mon Chat

Remarque:

De beaux moments avec mon Chat

Remarque:
___
___
___
___
___

De beaux moments avec mon Chat

Remarque:
_____
_____
_____
_____
_____

De beaux moments avec mon Chat

Remarque:
_____
_____
_____
_____
_____

De beaux moments avec mon Chat

Remarque:

De beaux moments avec mon Chat

Remarque:
_____
_____
_____
_____
_____

De beaux moments avec mon Chat

Remarque:

De beaux moments avec mon Chat

Remarque:
_____
_____
_____
_____
_____

De beaux moments avec mon Chat

Remarque:

De beaux moments avec mon Chat

Remarque:

De beaux moments avec mon Chat

Remarque:
_____
_____
_____
_____
_____

De beaux moments avec mon Chat

Remarque:

De beaux moments avec mon Chat

Remarque:

De beaux moments avec mon Chat

Remarque:
_____
_____
_____
_____
_____

De beaux moments avec mon Chat

Remarque:

De beaux moments avec mon Chat

Remarque:
_____
_____
_____
_____
_____

De beaux moments avec mon Chat

Remarque:

De beaux moments avec mon Chat

Remarque:
_____
_____
_____
_____
_____

De beaux moments avec mon Chat

Remarque:
_____
_____
_____
_____
_____

De beaux moments avec mon Chat

Remarque:

De beaux moments avec mon Chat

Remarque:
_____
_____
_____
_____
_____

De beaux moments avec mon Chat

Remarque:
_____
_____
_____
_____
_____

De beaux moments avec mon Chat

Remarque:
_____
_____
_____
_____

De beaux moments avec mon Chat

Remarque:

De beaux moments avec mon Chat

Remarque:
_____
_____
_____
_____
_____

De beaux moments avec mon Chat

Remarque:

De beaux moments avec mon Chat

Remarque:
_____
_____
_____
_____
_____

De beaux moments avec mon Chat

Remarque:

De beaux moments avec mon Chat

Remarque:
___
___
___
___

De beaux moments avec mon Chat

Remarque:
___
___
___
___
___

De beaux moments avec mon Chat

Remarque:
_____
_____
_____
_____
_____

De beaux moments avec mon Chat

Remarque:
_____
_____
_____
_____
_____

De beaux moments avec mon Chat

Remarque:

De beaux moments avec mon Chat

Remarque:
_____
_____
_____
_____
_____

De beaux moments avec mon Chat

Remarque:
___
___
___
___
___

De beaux moments avec mon Chat

Remarque:
_____
_____
_____
_____
_____

De beaux moments avec mon Chat

Remarque:

De beaux moments avec mon Chat

Remarque:
___
___
___
___
___

De beaux moments avec mon Chat

Remarque:
_____
_____
_____
_____
_____

De beaux moments avec mon Chat

Remarque:
_____
_____
_____
_____
_____

Printed in France by Amazon
Brétigny-sur-Orge, FR